はじめての焼き菓子 Lesson

はじめに 4

Lesson1 サクッとおいしいプレーンクッキー
かわいいクマさんクッキー 7

Variation1 アイシングクッキー 10
Variation2 ホットケーキミックスクッキー 12

Lesson2 カップ選びが楽しいカップケーキ
アイシングカップケーキ 15

Variation1 マシュマロカップケーキ 18
Variation2 プラスαカップケーキ 19
Variation3 チョコ味ココットマフィン 20

Lesson3 形が楽しめるサクサクパイ
パイケーキ 23

Variation ハートのスティックパイ 26

Lesson 4 とってもかんたん！混ぜるだけマドレーヌ

ミニミニマドレーヌ 29

Variation 1 チョコづけマドレーヌ 32

Variation 2 マドレーヌケーキ 33

Lesson 5 ふわっとおいしいシフォンケーキ

フルーツシフォンケーキ 35

Variation 紙コップシフォン 38

Lesson 6 かんたん！かわいい スプーンケーキ

ホットケーキのスプーンケーキ 41

Variation バナナのスプーンケーキ 44

Lesson 7 焼き菓子いろいろチャレンジ

焼きチーズケーキ 47

Variation 1 クランベリースコーン 50

Variation 2 野菜プリッツ 52

Variation 3 バナナパウンドケーキ 54

Variation 4 かんたん焼きプリン 56

Variation 5 ドロップクッキー 58

材料いろいろ 60

用具いろいろ 61

プレゼントに 62

おわりに 63

はじめに

焼き菓子は、おいしいだけでなく
不思議な魅力がいっぱい！

バターと卵と小麦粉を
混ぜて焼くだけで
いろいろなお菓子ができたり！
卵を泡立てるだけでふくらんだり！

そんな変化も楽しんで作りましょう！

一工程ごとに写真で説明しているので
はじめてでも大丈夫です！

作りはじめる前に

❤1 大人の人といっしょに作りましょう！

火を使ったり、包丁を使ったり、
危ないことも多いので、
必ず大人の人といっしょにやりましょう。

❤2 手を洗ってから はじめましょう！

作りはじめる前に、
必ず手を洗いましょう。

❤3 材料、用具はそろえてから はじめましょう！

途中で取りにいく間に
状態が変化することもあるので、
必ずそろえましょう。

❤4 計量はキチンと正確に しましょう！

計量が正確でないと、
できあがりが
違ってきます。

❤5 後かたづけはしっかり しましょう！

後かたづけを
キチンとするのが、
お菓子作りのルールです。

サクッとおいしい プレーンクッキー

バターとお砂糖をしっかり混ぜて
卵を少しずつ入れていくのがポイント！

生地ができたら
好きな型で抜いて
チョコレートペンでお絵描きしましょう！

生地は
同じ厚さにするのが
ポイント！

かわいいクマさんクッキー

型(かた)で抜(ぬ)いて、焼(や)いたら
チョコレートペンで顔(かお)を描(か)きましょう！

かわいいクマさんクッキー

材料をそろえましょう！

約15枚分

無塩バター	90g	[粉類]	
粉糖	90g	薄力粉	200g
卵	1個	ベーキングパウダー	小さじ1/2
		塩	少々

チョコレートペン 適量

用具をそろえましょう！

ボウル（小・中・大）
ふるい　泡立て器
フォーク　へら
ラップ　麺棒
オーブン　耐熱の器

 型

下準備をしましょう！

● バター、卵は冷蔵庫から出しておきます。
● 粉類は合わせてふるっておきます。
● 卵は溶いておきます。
● 天板にクッキングシートを敷いておきます。
● オーブンは180度に予熱しておきます。

さあ、作りましょう！

1 ボウルにバターを入れて、混ぜます。

①ボウル（大）にバターを入れ、泡立て器で少しなめらかになるまで混ぜます。

②粉糖を2〜3回に分けて入れ、混ぜます。

③白っぽくなってふわっとするまで混ぜます。

2 溶いた卵を少しずつ加えて混ぜます。

バターと卵が分離しないように、少しずつ！

①溶いた卵を少しずつ加えて混ぜます。

②混ざったら、少し加えては混ぜる、を繰り返して分離しないように混ぜます。

3 粉類を加えます。

①ふるった粉類を加えます。

4 ラップで包み冷やします。

へらを縦にして、さっくりと切るように混ぜ、ひとまとめにします。

ラップで包み、上から押して四角く整え、冷蔵庫で約1時間休ませます。

5 のばして型で抜きます。

台に薄力粉（分量外）をふり、生地を麺棒で3mm厚さにのばします。

6 オーブンで焼きます。

型で抜き、天板に間隔をあけてのせます。

180度のオーブンで約12分焼きます。

焼きあがりです。

7 顔を描きます。

チョコレートペンは、お湯を入れ、ラップをかけた耐熱の器にのせて、やわらかくします。

クッキーが冷めたら、チョコレートペンで顔を描きます。

できあがり！

アイシングクッキー

お砂糖を卵の白身で溶くだけ！
好きな色を作って
楽しくお絵描きしましょう。

クッキーの 材料 用具 下準備

P.8 かわいいクマさんクッキーと同じです。

アイシングの材料

粉糖	150g
卵白	2/3個分
色粉(赤・黄・青)	各少々
水	少々

アイシングの用具

ビニール袋

アイシングの下準備

●色粉にほんの少しの水を加えて混ぜます。

クッキーの 作り方

P.8 かわいいクマさんクッキーの ❻ ❷ までと同じです。

色は少しずつ濃くしていきましょう。

❀ デコレーションしましょう！

1 アイシングを作ります。

❶ ボウルに粉糖を入れ、卵白を加えて泡立て器で混ぜます。

❷ なめらかになってつやが出るまでよく混ぜます。

❸ 6等分に分け、5つにそれぞれの色粉を加えて混ぜ、色をつけます。

2 デコレーションします。

❹ いろいろな色のアイシングのできあがりです。

❶ ビニール袋に入れ、袋を結んで閉じ、角をほんの少しはさみで切ります。

❷ クッキーが冷めたら、アイシングを塗り、お好みの文字、絵、柄を描きます。

ホットケーキミックスクッキー

材料を一度に混ぜて
色をつけて丸めて焼くだけ！
しっとりおいしいクッキーです。

はじめての焼き菓子
Variation2
バリエーション
クッキー

材料

約15個分
[クッキー生地]

ホットケーキミックス	100g
グラニュー糖	20g
卵	1/2個
無塩バター	15g
色粉(赤・黄)	各少々
水	少々

用具　ボウル(大)　へら　オーブン

下準備

- 卵は冷蔵庫から出しておきます。
- バターは電子レンジで溶かしておきます。
- 色粉はほんの少しの水を加えて混ぜておきます。
- 天板にクッキングシートを敷いておきます。
- オーブンは150度に予熱しておきます。

さあ、作りましょう！

1 生地を作り、お花の形にします。

1 ボウルにクッキー生地の材料を入れ、へらで粉がなくなるまで混ぜます。

2 3等分にし、2つそれぞれに色粉(赤・黄)を加えて混ぜます。

3 生地を直径1.5cmくらいに丸めます。

2 オーブンで焼きます。

4 6個をお花の形になるように置きます。

1 天板に間隔をあけてのせ、150度のオーブンで約10分焼きます。

2 焼きあがりです。

できあがり！

13

カップ選びが楽しいカップケーキ

バターから、材料を順に入れるだけ。
しっかり混ぜたり、サクッと混ぜたり。

カップに入れて焼いたら、
トッピングを楽しんで
オリジナルカップケーキに！

「バターとお砂糖を白っぽくなるまで混ぜるのね！」

アイシングカップケーキ

アイシングをかけたら、
トッピングシュガーで、かわいく！

アイシングカップケーキ

材料をそろえましょう！

約6個分

無塩バター	100g	[粉類]	
グラニュー糖	60g	薄力粉	130g
卵	1と1/2個	ベーキングパウダー	小さじ1/2
生クリーム	30ml	塩	少々

[アイシング]

粉糖	150g
卵白	2/3個分
色粉(赤)	少々
水	少々
トッピングシュガー	適量

用具をそろえましょう！

ボウル(小・中・大)　紙のカップ
ふるい　泡立て器
へら　スプーン
オーブン

下準備をしましょう！

● バター、卵は冷蔵庫から出しておきます。
● 粉類は合わせてふるっておきます。
● 卵は溶いておきます。
● オーブンは180度に予熱しておきます。
● 色粉にほんの少しの水を加えて混ぜます。

さあ、作りましょう！

1 ボウルにバターを入れて、混ぜます。

ボウル(大)にバターを入れ、グラニュー糖を加えて泡立て器で混ぜます。

白っぽくなってふわっとするまで混ぜます。

2 溶いた卵を少しずつ加えて混ぜます。

溶いた卵を少しずつ加えて混ぜます。

なめらかになるまで混ぜます。

3 生クリームを加えます。

生クリームを少しずつ加え、さらに混ぜます。

4 粉類を加えます。

ふるった粉類を加え、へらを縦にして、さっくりと切るように混ぜます。

5 カップに入れます。

① 紙カップにスプーンで入れます。

② 八分目まで入れ、生地はならさずそのままにします。

6 オーブンで焼きます。

① 180度のオーブンで20〜25分焼きます。

② 焼きあがりです。

7 アイシングを作ります。

① ボウルに粉糖を入れ、卵白を加えて泡立て器で混ぜます。

② 2等分にし、1つに色粉を加えて混ぜます。

8 デコレーションします。

① カップケーキが冷めたら、スプーンでアイシングをかけます。

② トッピングをのせます。

③ できあがり！

マシュマロカップケーキ

焼きあがりにマシュマロをのせてレンジでチンするだけ！
ミニマシュマロがかわいいですね。

カップケーキの 材料 用具 下準備
P.16 アイシングカップケーキと同じです。

カップケーキの 作り方
P.16 アイシングカップケーキの6②までと同じです。

カップケーキにプラス

材料 約6個分

ミニカラフルマシュマロ	適量
チョコレートペン(ホワイト)	適量

用具 電子レンジ

作り方

① カップケーキの焼きあがりです。

② カップケーキが冷めたら、チョコレートペンを塗って、マシュマロをのせます。

③ 電子レンジでマシュマロがふくらむまで40〜50秒温めます。

プラスαカップケーキ

生地に混ぜて、焼くだけ！
バナナチップ、チョコチップ、レーズン、
いろいろな
カップケーキが作れます。

はじめての焼き菓子
Variation 2 バリエーション
カップケーキ

カップケーキの 材料 用具 下準備
P.16 アイシングカップケーキと同じです。

カップケーキの 作り方
P.16 アイシングカップケーキの4までと同じです。

カップケーキにプラス
材料 約6個分

バナナチップ、
レーズン、
チョコチップ　各適量

作り方

1
生地を3等分にし、レーズンを加えて混ぜます。
＊同じようにして、バナナチップス、チョコチップも作ります。

2
紙カップにスプーンで八分目まで入れ、生地はならさずそのままにします。

3
180度のオーブンで20～25分焼きます。

チョコ味ココットマフィン

ココアを入れただけでチョコ味に！
トッピングのナッツやベリーにも
溶かしたチョコをかけて。

はじめての焼き菓子
Variation3
バリエーション
カップケーキ

カップケーキの 材料

P.16 アイシングカップケーキの

カップケーキにプラス

約6個分

[粉類] ココア	10g
スイートチョコレート	適量
ドライフルーツ＆ナッツ	適量

カップケーキの 用具

P.16 アイシングカップケーキの

紙カップ → ココット容器

カップケーキの 下準備

P.16 アイシングカップケーキの

● 粉類にココアを加えてふるっておきます。

🌟 さあ、作りましょう！

1 カップケーキを焼きます。

①

バターを薄く塗った器に八分目まで入れ、生地はならさずそのままにします。

②

180度のオーブンで20〜25分焼きます。

2 デコレーションします。

①

溶かしチョコを用意します。
(溶かしチョコはP.32)

②

カップケーキが冷めたら、チョコレートをスプーンで真ん中にかけます。

③

ドライフルーツ＆ナッツをのせます。

④ できあがり！

形が楽しめる
サクサクパイ

少しのばして、焼くだけ！
冷凍のパイシートでかんたんです。

好きな形にしたり
卵の黄身でくっつけることも。
アイデアで楽しいパイを作りましょう！

パイで器も
できるのよ！

パイケーキ

パイでケースを作って
カスタードクリームとフルーツで！

パイケーキ

材料をそろえましょう！

約6個分
冷凍パイシート　1と1/2枚

[カスタードクリーム]
卵黄　2個分
グラニュー糖　40g
薄力粉　10g
牛乳　140ml

キウイ、オレンジ　各1/2個
チェリー(缶)　6個

用具をそろえましょう！

麺棒　フォーク
オーブン
耐熱ボウル(中)
泡立て器　包丁
まな板　スプーン　型　紙カップ　重し

下準備をしましょう！

● パイシートは冷凍庫から出し、角が持ち上がるようになるまで解凍します。
● オーブンは200度に予熱しておきます。

さあ、作りましょう！

1　パイシートを切ります。

① パイシートは1.2倍くらいになるまで麺棒でのばします。

② 全体にフォークで穴をあけます。

③ 1枚を4等分に切ります。

2　型に入れ、オーブンで焼きます。

① 型に入れます。

② パイシートの上に紙のカップをのせ、その上に重しをのせます。
＊重しはお米、お豆などでOKです。

③ 200度のオーブンで約12分焼きます。

3 カスタードクリームを作ります。

4 焼きあがりです。

1 耐熱ボウルに卵黄、グラニュー糖、ふるった薄力粉を入れ、泡立て器で混ぜます。

2 牛乳を少しずつ加えて混ぜます。

電子レンジで作るの。

3 ラップをかけ、電子レンジで約2分半温めます。

4 泡立て器で混ぜます。

4 デコレーションします。

1 キウイ、オレンジは食べやすい大きさに切ります。

2 パイが冷めたら、カスタードクリームを入れます。

3 キウイ、オレンジを入れ、チェリーをのせます。

できあがり!

4

ハートのスティックパイ

ハートに抜いたパイ2枚を合わせ中にチョコを入れました。

プレゼントにぴったりなパイです!

材料

約6個分
冷凍パイシート 1と1/2枚
ダースチョコ 3個(半分に切る)
卵黄 少々

用具

P.24 パイケーキにプラス
刷毛
ハートの抜き型
スティック

下準備

P.24 パイケーキと同じ

作り方

P.24 パイケーキの1②までと同じです。

🌸 さあ、作りましょう！

1 ハート型で抜き、チョコをはさみます。

❶ ハート型で抜きます。

❷ チョコをのせ、まわりに溶いた卵黄を塗り、もう1枚のパイをのせます。

❸ まわりをフォークで押さえます。

2 卵黄を塗り、オーブンで焼きます。

❶ 卵黄を塗り、200度のオーブンで約10分焼きます。

❷ 中のチョコが温かいうちにスティックをさします。

残ったのも焼きましょう！

お塩をふりかけたり、チョコをつけたり……

とってもかんたん！混ぜるだけマドレーヌ

1つのボウルに材料を次々入れて
混ぜるだけでできます。

型でかわいい形にできるので
型選びもポイント！
トッピングでも差をつけましょう。

混ぜるだけで
できるのよ！

ミニミニマドレーヌ

小さな型で焼いたプレーンマドレーヌ
食べやすい大きさがいいですね。

ミニミニマドレーヌ

材料をそろえましょう！

約40個分

卵	2個	[粉類]	
グラニュー糖	80g	薄力粉	80g
無塩バター	80g	ベーキングパウダー	小さじ1/4
		塩	少々

用具をそろえましょう！

- ボウル(大) ふるい
- 泡立て器 耐熱の器
- ラップ 計量カップ
- オーブン

下準備をしましょう！

- 卵は冷蔵庫から出しておきます。
- 粉類は合わせてふるっておきます。
- オーブンは180度に予熱しておきます。

さあ、作りましょう！

1 卵、グラニュー糖、粉類を入れて混ぜます。

ボウルに卵を入れ、泡立て器で混ぜます。

グラニュー糖を加えて混ぜます。

ふるった粉類を加え、なめらかになるまで混ぜます。

2 バターを加えて、混ぜます。

耐熱の器にバターを入れて、ラップをかけ、電子レンジで溶かします。

1❸に2❶を加えて混ぜます。

ラップをかけ、そのまま約1時間休ませます。

3 型に入れ、オーブンで焼きます。

①
型にバター(分量外)を薄く塗ります。

②
②③を計量カップに入れます。

③
型に流し入れます。

④
180度のオーブンで約10分焼きます。

⑤
焼きあがりです。

⑥
できあがり!
型から出して、できあがりです。

形いろいろ

型で雰囲気がぐっと違います。

チョコづけマドレーヌ

マドレーヌの端に
溶かしたチョコをつけて
トッピングシュガーをのせて！

はじめての焼き菓子
Variation 1 バリエーション
♥ マドレーヌ

マドレーヌの 材料 下準備
P.30 ミニミニマドレーヌと同じです。

マドレーヌの 作り方
P.30 ミニミニマドレーヌの
3❹ 約10分 → 12〜15分

ミニミニマドレーヌにプラス

材料
約9個分
スイートチョコレート　適量
トッピングシュガー　適量

用具
耐熱ボウル(小・中)
ミニマドレーヌ型 → シェル型

作り方

1
お湯を入れたボウル(小)の上にチョコレートのボウル(中)をのせ、溶かします。

2
マドレーヌが冷めたら、チョコレートをつけます。

3
トッピングをのせます。

マドレーヌケーキ

アルミカップに生地を入れて焼いたら
生クリームを絞っていちごをのせて！
ショートケーキのようなマドレーヌです。

はじめての焼き菓子
Variation2 バリエーション
マドレーヌ

マドレーヌの 材料 下準備
P.30 ミニミニマドレーヌと同じです。

マドレーヌの 作り方
P.30 ミニミニマドレーヌの
3 約10分 → 12〜15分

ミニミニマドレーヌにプラス

材料	約3個分
生クリーム	100ml
グラニュー糖	大さじ1
いちご	3個
アラザン	少々

用具
ボウル(中) 絞り袋 星口金
ミニマドレーヌ型
→ 丸いマドレーヌ型

作り方

1
ボウルに生クリームを入れ、グラニュー糖を加え、角が立つまで泡立てます。

2
星口金をつけた絞り袋に入れ、マドレーヌが冷めたら、絞り出します。

3
いちごをのせ、アラザンをのせます。

ふわっとおいしい シフォンケーキ

難しそうに見えるけど
かんたんでおいしい！ 人気のケーキです。

ポイントは卵の白身を
しっかり泡立てることです。
ハンドミキサーがあればよりかんたんです。

フルーツシフォンケーキ

真ん中にフルーツをたくさん入れて
生クリームをかけたゴージャスなケーキです。

フルーツシフォンケーキ

材料をそろえましょう！

直径17cmの紙のシフォン型1台分

卵	3個
グラニュー糖	80g
サラダ油	60mℓ
水	60mℓ

[粉類]

薄力粉	80g
ベーキングパウダー	小さじ1
塩	少々

[ホイップクリーム]

生クリーム	100mℓ
グラニュー糖	大さじ1
いちご	5〜6個
キウイ	1個
オレンジ	1/2個
ミント	適量

用具をそろえましょう！

ボウル(中・大)　ふるい
泡立て器　へら
オーブン　包丁
まな板　スプーン

紙シフォン型

下準備をしましょう！

● 卵は器に割り、手で卵黄をすくい取り、卵黄、卵白に分けます。
● 粉類は合わせてふるっておきます。
● オーブンは180度に予熱しておきます。

さあ、作りましょう！

1　卵黄、グラニュー糖を泡立て、サラダ油、水、粉類を加えて混ぜます。

① ボウル(大)に卵黄、1/2量のグラニュー糖を入れ、泡立て器で混ぜます。

② サラダ油を少しずつ加えて混ぜます。

③ 水を少しずつ加えて混ぜます。

④ ふるった粉類を加えて混ぜます。

2　卵白、グラニュー糖を泡立てます。

① ボウル(中)に卵白を入れ、残りのグラニュー糖の1/3量加え、泡立てます。

② 残りのグラニュー糖を2回に分けて加え、しっかり角が立つまで泡立てます。

3 生地を合わせて型に入れ、オーブンで焼きます。

1 ❹に加え、泡立て器で泡を消さないように混ぜます。

2 型に流し入れます。

3 180度のオーブンで35〜40分焼きます。

4 デコレーションします。

4 ケーキを逆さにし、ビンなどにケーキの穴をさして冷まします。冷めたら、紙をはがします。

1 フルーツは食べやすい大きさに切ります。

2 ボウルに(中)生クリームを入れ、グラニュー糖を加えて泡立て器で泡立てます。

3 とろっとしてくるまで泡立てます。

4 シフォンケーキを器にのせ、ホイップクリームをスプーンでかけます。

できあがり!

5 真ん中にフルーツを入れ、ミントをのせて、できあがりです。

紙コップシフォン

紙コップに入れて焼きます。
かわいい紙コップで作りましょう！
仕上げにシールを貼っても。

はじめての焼き菓子
Variation バリエーション
シフォンケーキ

材料

約3個分

卵	2個	[粉類]	
グラニュー糖	50g	薄力粉	40g
サラダ油	20ml	ココア	10g
水	20ml	塩	少々
		チョコチップ	大さじ3

用具

P.36 フルーツシフォンケーキの
紙シフォン型 → 紙コップ

下準備

P.36 フルーツシフォンケーキの
180度に予熱 → 170度に予熱

作り方

P.36 フルーツシフォンケーキの3❶までと同じです。

さあ、作りましょう！

1 チョコチップを加えます。

❶ 生地に2/3量のチョコチップを加えて混ぜます。

❷ 紙コップに流し入れます。

2 オーブンで焼きます。

❶ 残りのチョコチップをのせ、170度のオーブンで20〜25分焼きます。

❷ 洗濯ピンチではさみ、逆さまにして冷まします。

❸ 紙コップの上の部分を少しはがします。

できあがり！

❹ 紙コップにシールを貼って、できあがりです。

はじめての焼き菓子
Lesson 6
スプーンケーキ

かんたん！かわいい スプーンケーキ

スプーンですくって食べる
楽しいケーキです。

ビンに入れてプレゼントしたり
大きな器で作ってみんなで食べたり
中身を替えてオリジナルにしても！

ホットケーキのスプーンケーキ

ホットケーキを焼いて作ります。
ベリーとクリームを入れて！

ホットケーキのスプーンケーキ

🏵 材料をそろえましょう！

2個分

ホットケーキミックス	120g	[ホイップクリーム]		コーンフレーク	適量
卵	1/2個分	生クリーム	100mℓ	いちご、ブルーベリー	各適量
牛乳	100mℓ	グラニュー糖	大さじ1	ミント	少々

🏵 用具をそろえましょう！

ボウル(小・中)
泡立て器　フライパン
フライ返し　包丁
まな板　スプーン
ビン

容器選びも
ポイントです。

🏵 さあ、作りましょう！

1 生地を作ります。

❶ ボウル(小)に卵を入れ、泡立て器でほぐし、牛乳を加えて混ぜます。

❷ ボウル(中)にホットケーキミックスを入れ、1❶を少しずつ加えて混ぜます。

2 焼きます。

❶ フライパンにサラダ油(分量外)を熱し、1❷を流し入れます。

❷ 表面がふつふつしてくるまで焼きます。

❸ 裏返して両面焼きます。

❹ 焼きあがりです。

3 ビンにつめます。

①ホットケーキが冷めたら、食べやすい大きさに切ります。

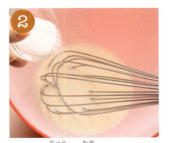

②ボウル(中)に生クリーム、グラニュー糖を入れ、泡立て器で泡立てます。

③角が立つまで泡立てます。

④いちごは4等分に切ります。

⑤ビンにコーンフレークを入れ、ホイップクリームを入れます。

⑥食べやすい大きさに切ったホットケーキを入れます。

⑦いちご、ブルーベリーをのせます。

⑧繰り返して、ミントをのせます。

できあがり!

⑨ふたをしめ、スプーンを添えて、できあがりです。

バナナのスプーンケーキ

チーズクリームとバナナがぴったり！
バナナ好きにはたまらないケーキです。
シフォンケーキは、他のケーキでもOKです。

材料

15×15cmの器 1台分

シフォンケーキ (作り方はP.36)	適量
[チーズクリーム]	
クリームチーズ	100g
グラニュー糖	40g
生クリーム	200ml
バナナ	2本
レモン汁	少々
ミックスナッツ	適量
ミント	少々

用具

ボウル(中) 泡立て器 包丁 まな板 スプーン

下準備

- クリームチーズは冷蔵庫から出しておきます。
- バナナは斜めに切り、レモン汁をかけ、からめておきます。
- ナッツはあらくきざんでおきます。

さあ、作りましょう！

1 チーズクリームを作ります。

1 ボウルにクリームチーズを入れ、泡立て器で混ぜます。

2 グラニュー糖を加えて混ぜます。

3 生クリームを少しずつ加えて混ぜます。

2 シフォンケーキを並べ、デコレーションします。

1 器に食べやすい大きさに切ったシフォンケーキを並べ、クリームをかけます。

2 きざんだナッツをのせ、バナナをのせます。

3 ミントをのせて、できあがりです。

できあがり！

45

焼き菓子いろいろチャレンジ

焼き菓子には他にもいろいろあります。
人気のお菓子を集めました。

チーズケーキから焼きプリン！
かんたんにできるドロップクッキー
好きな ものから作ってみましょう。

できたら
プレゼント！

焼きチーズケーキ

しっとりおいしいチーズケーキです。
プレゼントにもいいですね！

焼きチーズケーキ

材料をそろえましょう！

20cm角型 1台分			
[台]		無塩バター	25g
全粒粉クッキー	100g	グラニュー糖	70g
無塩バター	40g	生クリーム	80ml
クリームチーズ	250g	卵	1個
		薄力粉	10g

用具をそろえましょう！

ボウル（大）　ふるい
綿棒　泡立て器
へら　スプーン
耐熱の器　オーブン
包丁　まな板

型

下準備をしましょう！

- バターは電子レンジで溶かしておきます。
- クリームチーズ、バター、卵は冷蔵庫から出しておきます。
- 薄力粉はふるっておきます。
- 型にクッキングシートを敷いておきます。
- オーブンは160度に予熱しておきます。

さあ、作りましょう！

1 台を作ります。

1 クッキーはビニール袋に入れ、麺棒などでたたいて細かくします。

2 溶かしたバターを加えて混ぜます。

3 クッキングシートを敷いた天板に敷き込みます。

2 生地を作ります。

1 ボウルにクリームチーズ、バターを入れ、泡立て器で混ぜます。

2 グラニュー糖を加えて混ぜます。

3 生クリームを加えて混ぜます。

クランベリースコーン

サクッとおいしいスコーン
クランベリーがたくさん入っているので
味も見た目もおいしくなります！

材料

約6個分
[粉類]
薄力粉	200g
ベーキングパウダー	小さじ2
塩	少々
グラニュー糖	30g
無塩バター	50g
牛乳	100mℓ
クランベリー	40g

用具

ボウル(大)　ふるい
ナイフ　へら　ラップ
麺棒　オーブン

抜き型

下準備

● 粉類は合わせてふるっておきます。
● ボウルに粉類、グラニュー糖を入れて混ぜておきます。
● バターは角切りにし、冷蔵庫で冷やしておきます。
● 天板にクッキングシートを敷いておきます。
● オーブンは190度に予熱しておきます。

🌸 さあ、作りましょう！

1 生地を作ります。

1 粉類の入ったボウルに、バターを加え、ナイフでバターを切り、合わせます。

2 牛乳を加え、へらでさっくりと切るように混ぜます。

3 クランベリーを加えて混ぜ、ラップで包み、冷蔵庫で約1時間休ませます。

2 型で抜いて、オーブンで焼きます。

4 台に薄力粉(分量外)をふり、2㎝厚さにのばします。

1 直径6㎝の丸型で抜き、天板にのせ、190度のオーブンで約15分焼きます。

2 焼きあがりです。

できあがり！

野菜プリッツ

にんじんとじゃがいもをすりおろし 粉チーズと粉を加えて、 細く切って焼きます。

パリッとおいしいプリッツです！

材料

約25本分

[じゃがいもプリッツ]
じゃがいも	100g
薄力粉	約120g
粉チーズ	大さじ3

[にんじんプリッツ]

同じように、にんじん100gで作ります。

用具

ボウル(大)　すりおろし器　へら　ラップ　麺棒　包丁　まな板　オーブン

下準備

● 薄力粉はふるっておきます。
● 天板にクッキングシートを敷いておきます。
● オーブンは170度に予熱しておきます。

さあ、作りましょう！

1 生地を作ります。

1. じゃがいもはボウルにすりおろします。
2. ふるった薄力粉、粉チーズを加えてへらで混ぜます。
3. ひとまとめにし、ラップで包み、冷蔵庫で約1時間休ませます。

2 細く切って、オーブンで焼きます。

1. 台に薄力粉（分量外）をふり、麺棒で5mm厚さにのばします。
2. 細く切り、天板にのせ、170度のオーブンで25〜30分焼きます。
3. 焼きあがりです。

できあがり！

53

バナナパウンドケーキ

バナナが2本も入っています！
ふんわりおいしいケーキです。
生クリームを添えても。

材料

型1台分

無塩バター	100g
グラニュー糖	90g
卵	2個
[粉類]	
薄力粉	100g
ベーキングパウダー	小さじ1
塩	少々
バナナ	2本

用具

ボウル(大) ふるい 泡立て器 へら オーブン

パウンド型

下準備

- バター、卵は冷蔵庫から出しておきます。
- 粉類は合わせてふるっておきます。
- 卵は溶いておきます。
- バナナはビニール袋に入れ、手でつぶしておきます。

- 型にクッキングシートを敷いておきます。
- オーブンは180度に予熱しておきます。

さあ、作りましょう！

1 生地を作ります。

①ボウルにバターを入れ、グラニュー糖を加え、泡立て器で混ぜます。

②白っぽくなるまで混ぜたら、溶いた卵を少しずつ加えて混ぜます。

③ふるった粉類を加え、へらでさっくりと切るように混ぜます。

2 型に入れ、オーブンで焼きます。

④バナナを加えて混ぜます。

①型に流し入れ、180度のオーブンで40〜45分焼きます。

②焼きあがりです。

できあがり！

55

かんたん焼きプリン

卵と牛乳を混ぜるだけ！
ざるでこすのがポイントです。
冷やして食べましょう。

材料

ココット皿3個分

卵黄	3個分
グラニュー糖	40g
生クリーム	150mℓ
牛乳	150mℓ

用具

ボウル(中)
泡立て器　鍋
ざる
計量カップ
オーブン

ココット皿

下準備

● 卵は冷蔵庫から出しておきます。
● オーブンは160度に予熱しておきます。

さあ、作りましょう！

1 生地を作ります。

① ボウルに卵黄、グラニュー糖を入れ、泡立て器で少し白っぽくなるまで混ぜます。

② 鍋に生クリーム、牛乳を入れ、温めます。

③ 1①に少しずつ加えて混ぜます。

④ 計量カップにざるをのせ、こします。

2 ココット皿に入れ、オーブンで焼きます。

① ココット皿に流し入れ、150度のオーブンで35〜40分焼きます。

② 焼きあがりです。

できあがり！

ドロップクッキー

きざんだピーナツをたくさん入れて
スプーンですくって天板に並べて焼くだけの
ドロップ形のクッキーです。

材料

約18枚分
[クッキー生地]

ホットケーキミックス	150g
グラニュー糖	30g
卵	1個
無塩バター	40g
ピーナツ	50g

用具

ボウル(大) へら 包丁
まな板 オーブン

下準備

- 卵は冷蔵庫から出しておきます。
- バターは電子レンジで溶かしておきます。
- 卵は溶いておきます。
- 天板にクッキングシートを敷いておきます。
- オーブンは180度に予熱しておきます。

さあ、作りましょう！

1 ピーナツをきざみます。

ピーナツはあらくきざみます。

2 生地を作ります。

❶ ボウルにホットケーキミックス、グラニュー糖を入れて混ぜます。

❷ 溶いた卵、溶かしたバターを加えて混ぜます。

❸ ピーナツを加えて混ぜます。

3 オーブンで焼きます。

❶ 天板にスプーンですくってのせ、180度のオーブンで約12分焼きます

❷ 焼きあがりです。

できあがり！

材料いろいろ

この本で使われた主な材料です。1つの材料でいろいろ作れます。

小麦粉

お菓子は薄力粉を使います。

バター

無塩バターです。

卵

Mサイズを使います。

グラニュー糖

お菓子のお砂糖はグラニュー糖です。

粉糖

クッキーに使います。

ここを読んでから材料をそろえましょう。

牛乳

新鮮なものを使います。

生クリーム

この本では動物性を使います。

ベーキングパウダー

生地をふくらますときに使います。

ホットケーキミックス

ホットケーキが作れる粉です。

冷凍パイシート

伸ばして使います。

ココア

甘くないものを使います。

用具いろいろ

この本で使われた主な用具です。
代用できるものがあればそれでもかまいません。

♥ **量る** お菓子作りにとって計量は大事。しっかり量りましょう。

計量カップ
はかり
計量スプーン

♥ **混ぜる** 混ぜ方はいろいろです。混ぜ方に合わせて使いましょう。

泡立て器
ボウル
へら

♥ **あると便利**

麺棒
ラップの芯でも代用できます。

粉ふるい
ざるでも代用できます。

刷毛
卵黄を塗るのに使います。

ざる
こすのに使います。

プレゼントに

焼き菓子は、
プレゼントにぴったり！
いろいろな包み方があるので
ラッピングも楽しんで！

おわりに

焼き菓子、楽しんで作れましたか？
一工程ごとにていねいに作っていくと
ほんとにおいしくできますね。
ぜひ、いろいろなお菓子にチャレンジしてください。

そして、できたら
みんなで楽しく食べてくださいね。
食べてもらうことで、
作るのがより楽しくなるので！

作ることの楽しさ伝えられたなら‥‥
小さなお菓子に大きな願いを込めて。

著者プロフィール
寺西恵里子 てらにし えりこ

（株）サンリオに勤務し、子ども向けの商品の企画デザインを担当。退社後も"HAPPINESS FOR KIDS"をテーマに手芸、料理、工作を中心に手作りのある生活を幅広くプロデュース。その創作活動の場は、実用書、女性誌、子ども雑誌、テレビと多方面に広がり、手作りを提案する著作物は550冊を超え、ギネスに申請中。

http://www.teranishi-eriko.co.jp

寺西恵里子の本
『フェルトで作るお菓子』『かんたん！かわいい！ひとりでできる！ゆびあみ』（小社刊）
『かわいいフェルトのマスコット』（PHP研究所）『チラシで作るバスケット』（NHK出版）『3歳からのお手伝い』（河出書房新社）
『ほっこりおいしい。おうちdeひとりごはん』（主婦の友社）『広告ちらしでつくるインテリア小物』（主婦と生活社）
『フェルトで作るお店屋さんごっこ』（ブティック社）『365日子どもが夢中になるあそび』（祥伝社）
『0・1・2歳のあそびと環境』（フレーベル館）『ねんどでつくるスイーツ＆サンリオキャラクター』（サンリオ）
『エコ手芸でお店屋さんフェルトのお花屋さん』（汐文社）かんたん手芸『フェルトでつくろう』（小峰書店）

撮影	奥谷仁
デザイン	ネクサスデザイン
カバーデザイン	サイクルデザイン
作品制作	並木明子　関亜紀子　海野稚奈美
イラスト	高木敦子
校閲	校正舎楷の木
企画・進行	鏑木香緒里

ひとりでできる！For Kids!!
はじめての焼き菓子
平成28年6月5日 初版第1刷発行

著者●寺西恵里子
発行者●穂谷竹俊
発行所●株式会社 日東書院本社
〒160-0022　東京都新宿区新宿2丁目15番14号　辰巳ビル
TEL●03-5360-7522（代表）　FAX●03-5360-8951（販売部）
振替●00180-0-705733　URL●http://www.TG-NET.co.jp

印刷●大日本印刷株式会社　　製本●株式会社セイコーバインダリー

本書の無断複写複製（コピー）は、著作権上での例外を除き、
著作者、出版社の権利侵害となります。
乱丁・落丁はお取り替えいたします。小社販売部までご連絡ください。
©Eriko Teranishi2016,Printed in Japan　ISBN 978-4-528-02086-3　C2077